guida

MW01709964

MAXXI

Museo nazionale delle arti del XXI secolo

Electa

MAXXI
MUSEO NAZIONALE
DELLE ARTI
DEL XXI SECOLO

ARTE CULTURA SPETTACOLO
ARCUS

Guida a cura di
Sofia Bilotta
Alessio Rosati

© A. Boetti, G. De Dominicis,
E. Kabakov, I. Kabakov, S. LeWitt,
M. Merz, G. Penone, R. Trockel,
F. Vezzoli by SIAE 2010

© 2010 by Ministero per i Beni e le
Attività Culturali
Fondazione MAXXI - Museo
nazionale delle arti
del XXI secolo
by Mondadori Electa S.p.A., Milano
Tutti i diritti riservati

www.electaweb.com

Ministero per i Beni e le Attività Culturali

Ministro
Sandro Bondi

Sottosegretario
Francesco Maria Giro

Capo di Gabinetto
Salvatore Nastasi

Segretario Generale
Roberto Cecchi

Direttore Generale per la valorizzazione del patrimonio culturale
Mario Resca

Direttore Generale per il paesaggio, le belle arti, l'architettura e l'arte contemporanee
Mario Lolli Ghetti

Direttore Generale per l'organizzazione, gli affari generali, l'innovazione, il bilancio ed il personale
Antonia Pasqua Recchia

Fondazione MAXXI

Presidente
Pio Baldi

Consiglio di amministrazione
Roberto Grossi
Stefano Zecchi

Comitato scientifico
Pio Baldi (Presidente)
Beatrice Buscaroli
Jean Louis Cohen
Peter Greenaway
Margherita Guccione
Bartomeu Marì
Anna Mattirolo

Collegio dei revisori dei conti
Riccardo D'Amario (Presidente)
Daniela Diotallevi
Giancarlo Filocamo

Segretario Generale
Alessandro Bianchi

Direttore MAXXI Architettura
Margherita Guccione

Direttore MAXXI Arte
Anna Mattirolo

Ufficio Stampa
Beatrice Fabbretti

Annalisa Inzana
Prisca Cupellini (sito web)

Eventi e membership
Costanza Mazzonis (membership)
Anne Palopoli

Contabilità, amministrazione e finanza
Rossana Samaritani

Filomena Fascetti
Mario Schiano (referente amministrativo)
Carla Zhara Buda

Consulenti legali
Carla Malavasi
Angela Cherubini

Ufficio tecnico
Mario Schiano

Paola Mastracci (illuminotecnica e fotovoltaico)
Elisabetta Virdia (accessibilità e sicurezza)

Gestione del personale
Rossana Samaritani

Luisa Turchio

Qualità dei servizi per il pubblico
Luisa De Marinis

Daniela Pesce (comunicazione museale)

Assistente del Presidente
Costanza Mazzonis

Segreteria di Presidenza e Segreteria Generale
Laura Gabellone

Flavia Carucci
Chiara Sbocchia

MAXXI Architettura

Direttore
Margherita Guccione

Senior curator
Pippo Ciorra

Assistenti del Direttore
Veronica De Luca
Alexandra Kaspar

Centro archivi di architettura
Esmeralda Valente

Luisa De Marinis
Elena Tinacci
Carla Zhara Buda

Collezioni di fotografia
Francesca Fabiani

Registrar
Francesca Fabiani

Ricerca e assistenza curatoriale
Elena Motisi

Progetti editoriali
Esmeralda Valente

Emilia Giorgi

MAXXI Arte

Direttore
Anna Mattirolo

Curator at Large
Carlos Basualdo

Assistente del Direttore
Irene de Vico Fallani

Collezione e conservazione
Alessandra Barbuto

Simona Brunetti

Registrar
Monica Pignatti Morano

Silvana Freddo

Assistenti curatore
Giulia Ferracci
Monia Trombetta

Editoria e ricerca
Carolina Italiano

Luigia Lonardelli

Uffici condivisi MAXXI Architettura e MAXXI Arte

Ufficio mostre / allestimenti
Laura Felci
Silvia La Pergola
Claudia Reale

Dipartimento Educazione
Stefania Vannini

Sofia Bilotta
Simona Antonacci
Marta Morelli
Antonella Muzi

MAXXI B.A.S.E.
Biblioteca, Archivi, Studi, Editoria
Carolina Italiano
Alessio Rosati

Flavia De Santis Mangelli
(Biblioteca e coordinamento servizio al pubblico)
Giulia Pedace (Archivi)
Carlotta Sylos Calò
Francesca Caruso
Roberta Magagnini
Emanuela Scotto d'Antuono

Collaborazione all'evento inaugurale
Roberta Lubich
Flaminia Orsini
Laura Sipione

Si ringraziano inoltre
Susanna Nobili
Livio Sacchi
Marcello Smarrelli
Maria Teresa Venturini Fendi

Programma di membership
I live MAXXI

Tommaso Addario
Giovanni Aldobrandini
Livia Aldobrandini Pediconi
Michele Alfano
Lorenzo Attolico
Pierpaolo Barzan
Enzo Benigni
Annibale Berlingieri
Lavinia Branca Snyder
Jasper David Brown
Maite Bulgari
Antonio Cacace
Ginevra Caltagirone
Donatello Cecchini
Alessandra Cerasi Barillari
Federica Cerasi Tittarelli
Raffaella Chiariello
Romano Ciarallo
Monica Coretti D'Amato
Giovanni Cotroneo
Pilar Crespi Robert
Anna d'Amelio Carbone
Erminia Di Biase
Ginevra Elkann
Filippo Maria Faruffini di Sezzadio
Giorgio Fasol
Anna Fendi
Nicoletta Fiorucci
Maria-Pia Fleisch Ronchetti
Annalisa Gallia
Emilio Giorgi
Gianmarco Golia
Lorenza Jona Celesia
Silvia Lucchini
Barbara Maccaferri Abbondanza
Alessandro Maccaferri
Alessandra Marino
Flavio Misciattelli
Gilda Moratti
Vincenzo Morichini
Antonia Mosca Ducrot
Ines Musumeci Greco
Camilla Nesbitt
Renata Novarese
Martine Orsini
Noemia Osorio d'Amico
Violante Pallavicino
Paola Pirelli
Alfio Puglisi Cosentino
Stephen Robert
Antonella Rodriguez Boccanelli
Patrizia Sandretto Re Rebaudengo
Giannegidio Silva
Brian Snyder
Maria Luisa Grandinetti Squillaci
Massimo Sterpi
Silvana Stipa
Riccardo Tattoni
Carlo Traglio
Milena Ugolini
Benedetta Vittori Venenti Possati
ACACIA – Associazione Amici Arte Contemporanea

Si ringraziano i sostenitori che hanno scelto di rimanere anonimi. Un ringraziamento particolare a Federica Cerasi Tittarelli.

MAXXI significa Museo nazionale delle arti del XXI secolo. È un grande museo pubblico italiano, il primo dedicato alla creatività contemporanea, all'arte e all'architettura. Per secoli e secoli l'arte e l'architettura prodotte in Italia hanno costituito l'avanguardia e il modello della creatività del mondo occidentale, con i grandi monumenti della romanità classica, con il medioevo di Cimabue e Giotto, il Rinascimento di Masaccio e Brunelleschi, e poi con Raffaello e Michelangelo, fino al barocco di Bernini e Borromini.
Il MAXXI prosegue nel solco della grande tradizione artistica italiana e punta a essere un centro di eccellenza, in cui convergono e si mescolano le più diverse forme di espressività, produttività e creazione. L'arte è sempre stata anticipazione di modi e di pensieri, sperimentazione e innovazione di linguaggi e messaggi. Le forme e le linee dell'architettura del MAXXI esprimono tutto ciò con un edificio ardito e sperimentale, calato nella topografia e perfino nella storia di una Roma pienamente disponibile alla contemporaneità. In questo senso il MAXXI è un'istituzione culturale pensata come un grande laboratorio della cultura del presente, dinamico, in divenire, sensibile alle variazioni e ai conflitti della società in cui viviamo. Una società in cui l'arte ha una funzione essenziale, perché è un linguaggio iconico e simbolico, dotato quindi di una comprensibilità superiore a quello scritto o parlato, contribuendo alla comprensione di mondi e culture altrimenti estranei e potenzialmente in contrasto e favorendo la composizione delle reciproche differenze. L'arte e l'architettura sono inoltre componenti essenziali della percezione di un Paese all'estero e ne veicolano l'immagine nel mondo. Esse ne esprimono la vivacità culturale, la capacità di innovazione, la propensione alla ricerca creativa e originale. L'arte e l'architettura italiane, quindi, esprimono e raccontano l'Italia. Esse sono in grado di comunicare non solo il *made in Italy*, il prodotto italiano, ma qualcosa di più esteso e complessivo che si può chiamare lo stile di vita italiano, *il vivi italiano*. Da questo punto di vista il MAXXI è una sorta di antenna che trasmette i contenuti dell'Italia verso l'esterno e che a sua volta riceve dall'esterno i flussi della cultura internazionale. Si proietta così verso il mondo e contemporaneamente esprime lo spirito della particolarissima cultura che è nata in questo Paese.

Pio Baldi
Presidente Fondazione MAXXI

La Guida vuole fornire al lettore/visitatore un agile strumento di orientamento negli spazi complessi e suggestivi del museo, un *vademecum* attraverso l'architettura di Zaha Hadid e le collezioni del museo, presentate con una rassegna parziale ma significativa della ricerca italiana e internazionale. Museo del suo tempo, il MAXXI è una realtà dinamica e articolata, non solo uno straordinario edificio ricco di opere, eventi e servizi al pubblico.
È un centro vivo di cultura, animato da attività di ricerca e documentazione, esposizione e conservazione, committenza e promozione di arte e architettura contemporanee. Nella Guida la visita al MAXXI è organizzata topograficamente, il testo e le immagini accompagnano il lettore nella scoperta del museo e della sua architettura, ambiente dopo ambiente, opera dopo opera, svelando materiali e tecniche, indicando dimensioni e caratteristiche, quasi simulando un ipertesto attraverso cui intraprendere il proprio personalissimo percorso culturale. Dopo le pagine dedicate al complesso espositivo e alle sue collezioni, l'ultima sezione presenta i numerosi servizi offerti al pubblico che concorrono a fare del MAXXI un polo culturale, di conoscenza, svago e intrattenimento. Concludono il volume alcuni cenni sulla storia del progetto architettonico e dell'istituzione museale che tanto ha contribuito a mutare il profilo urbanistico e culturale del quartiere Flaminio e della città di Roma.

Ci auguriamo che la visita al museo, accompagnata dalla Guida, rappresenti un'occasione per immergersi in una dimensione unica e suggestiva, un'esperienza, attraverso opere e spazi, appagante ed emozionante, da ripetere ogni volta che si visitano i due musei o si sosta nella grande piazza antistante. Il MAXXI è infatti in continuo movimento: alterna le mostre e le iniziative culturali, promuove eventi e attività diverse affinché il pubblico trovi sempre nuove ragioni per tornarci. Inoltre grazie ai suoi spazi all'aperto è luogo urbano di socializzazione e svago per tutti, da vivere e condividere.

Un luogo in cui, come sostiene Zaha Hadid, alla quale dobbiamo l'ideazione di questo straordinario progetto, "*l'architettura deve offrire piacere, entrando in uno spazio architettonico, le persone devono provare una sensazione di benessere e armonia...*"

È questo il nostro augurio per i visitatori.

Margherita Guccione
Direttore MAXXI Architettura

Anna Mattirolo
Direttore MAXXI Arte

Sommario

"Il progetto propone un campus quasi-urbano, un mondo nel quale tuffarsi, piuttosto che un edificio come oggetto firmato. Il campus è organizzato – e viene navigato – sulla base di derive direzionali e della distribuzione di densità, invece che per punti chiave. Ciò è indicativo del carattere del Centro: poroso, un luogo in cui tuffarsi, un'estensione spaziale."

Zaha Hadid

La visita al museo

L’architettura del MAXXI nasce da un’idea coraggiosa e originale di spazio museale: flussi e campi di forza, percorsi immaginari tracciati dai suoi visitatori prendono forma nella mente dell’architetto e si materializzano nello spazio. Intrecci fluidi e sinuosi di gallerie, aggetti nel vuoto, pareti che curvano e si piegano su loro stesse, imprevedibili aperture sull’esterno e affacci su ambienti interni a tutta altezza caratterizzano il percorso all’interno del museo, coinvolgendo il visitatore in un’esperienza corporea e mentale complessa e affascinante.
Una sfida alla nostra percezione e al concetto tradizionale di spazio espositivo, un luogo in cui vivere l’arte e l’architettura del nostro tempo in modo nuovo.
La vecchia idea di percorso predeterminato è abolita in favore di una molteplicità di possibili attraversamenti dello spazio, senza che il visitatore torni sui propri passi.

I grandi numeri del MAXXI

Superficie totale del lotto
mq 29.000
Spazi esterni
mq 19.640
Spazi interni
mq 21.200
Superficie espositiva
mq 10.000
Servizi: auditorium, biblioteca, mediateca, archivi, caffetteria, ristorante ecc.
mq 6.200

Livello 0

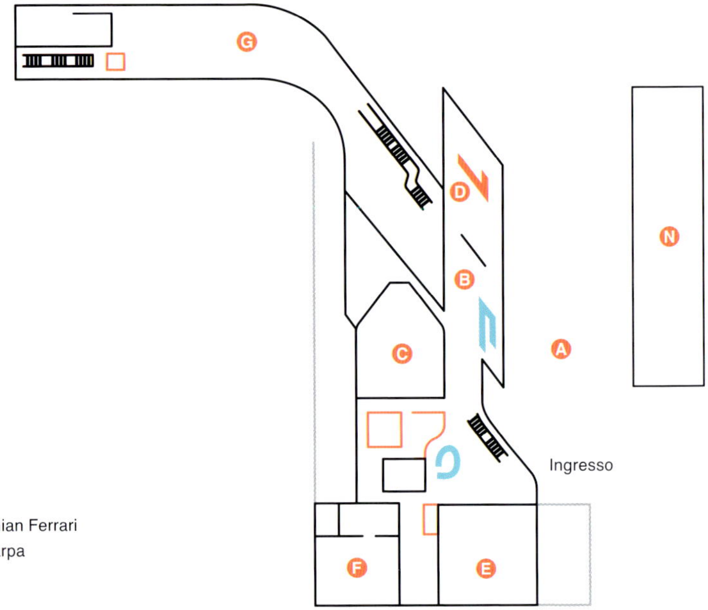

A Piazza
B Atrio
C Auditorium
D Caffetteria
E Sala Claudia Gian Ferrari
F Sala Carlo Scarpa
G Galleria 1
N Edificio D

Livello 1

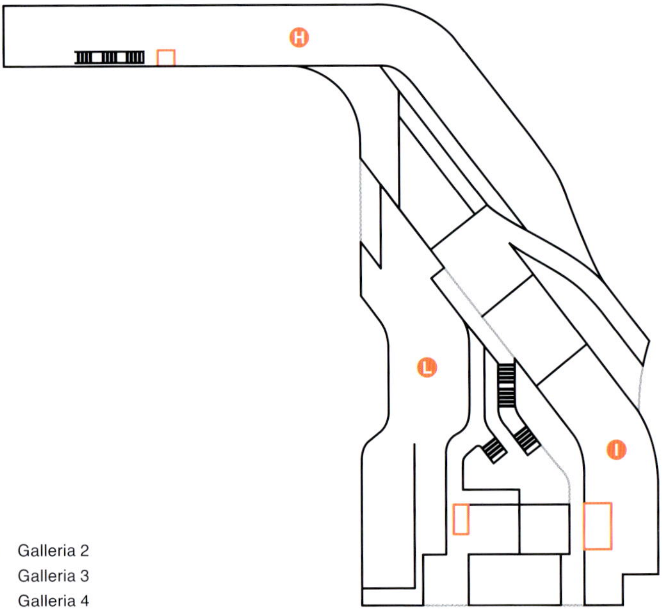

H Galleria 2
I Galleria 3
L Galleria 4

Livello 2

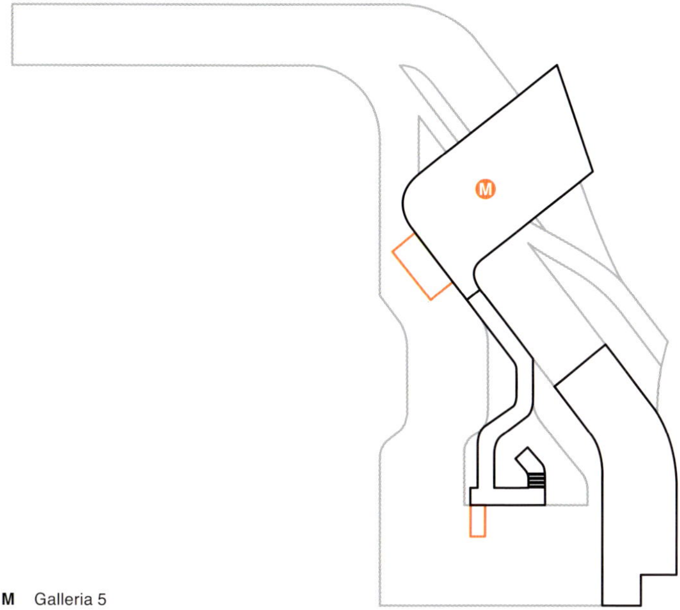

M Galleria 5

2
1

A PIAZZA

Pensata come spazio urbano aperto e vivibile, la piazza del museo è accessibile sia da via Guido Reni che da via Masaccio.
Un percorso pedonale collega le due strade e realizza il progetto previsto dal piano regolatore del 1909, mai attuato a causa della costruzione della caserma Montello. Quest'ultima, occupando l'intera area, aveva modificato la maglia ortogonale tipica del quartiere, frapponendosi come una cesura invalicabile tra le due importanti arterie stradali. Di questo spazio oggi i cittadini si riappropriano come luogo urbano prima ancora che museale.

1

Il volume della Galleria 5 ha un aggetto di m 9,00 sulla piazza

2

L'altezza massima dell'edificio è di m 22,70

B ATRIO

Lo spazio a tutta altezza dell'atrio è caratterizzato dall'intricata geometria delle scale e dalle pareti in cemento faccia a vista, vero elemento protagonista dell'edificio. Da qui, alzando lo sguardo, si percepisce subito l'esistenza di una rete di strade e percorsi labirintici che, esplorata progressivamente, rivela lo straordinario meccanismo spaziale dell'edificio, difficilmente comprensibile al primo approccio. Cuore di questo spazio, e primo approdo del visitatore, è il bancone che ospita il **punto informativo** e la **biglietteria**. In questo punto dell'edificio, il MAXXI di Zaha Hadid s'innesta sul corpo dell'ex-caserma Montello, una struttura industriale su due livelli, costruita all'inizio del Novecento e riconvertita a uso museale, ben individuabile dalla facciata prospiciente via Guido Reni.

1

Atrio mq 520

2

Sulla parete in cemento faccia a vista è visibile la ripresa del getto in cemento armato a quota m 10,53.

3

Il **cemento** faccia a vista del MAXXI, privo di rivestimento, è una miscela autocompattante, frutto di una sperimentazione condotta direttamente in cantiere. L'effetto setoso al tatto e riflettente alla luce deriva dagli inerti finissimi nella miscela. I fori, coperti da tappi in cemento, alloggiano i tiranti d'acciaio delle casseforme.

4

Il **bancone in GRC** (*Glass Reinforced Concrete*), un cemento rinforzato in fibre di vetro, è un guscio realizzato mediante calco, montato su una struttura metallica e rifinito da una pellicola in *gelcoat*.

2
3
1
4

C AUDITORIUM

Nell'atrio, proseguendo in direzione della Galleria 1, sulla sinistra si incontra l'auditorium. Lo spazio è connotato dal parquet in wenge e dalla soluzione illuminotecnica del soffitto e della parete di fondo che traduce le esigenze di un'illuminazione completamente artificiale in un raffinato disegno geometrico, una trina disomogenea di sagome luminose. Le sedute richiamano i profili essenziali e spigolosi dell'architettura del MAXXI. Lo spazio è destinato a proiezioni, cineforum, conferenze e lezioni.

1

Auditorium mq 284

2

La platea conta 240 posti a sedere

B ATRIO
D CAFFETTERIA

Tornati nell'atrio si prosegue verso l'area della caffetteria. Presso un secondo bancone è possibile dotarsi delle audio-video guide e prenotare le attività educative. Il bancone in GRC si prolunga nello spazio come la prua di una nave. Il design dalle linee taglienti e dinamiche si accorda con quello dell'architettura. Il soffitto ripropone la soluzione illuminotecnica incontrata nell'auditorium. Le vetrate sul lato sinistro immettono nel MAXXI Architettura.

1

Atrio mq 290

2

Bancone con audio-video guide, prenotazioni attività educative

3

Caffetteria mq 204

4

Nell'atrio è stato realizzato il *wall-drawing* di Sol LeWitt.

E SALA CLAUDIA GIAN FERRARI

Sul lato opposto dell'atrio, le ampie arcate al piano terra immettono nella Sala Claudia Gian Ferrari, ambiente caratterizzato da un'architettura spoglia e regolare derivata dalla precedente destinazione industriale. Le dimensioni contenute, la flessibilità dello spazio, suddivisibile con pannellature, e la sua posizione, decentrata rispetto alle gallerie espositive, la rendono particolarmente adatta a ospitare le esposizioni temporanee. Al primo piano dell'ex edificio industriale si trovano il Laboratorio didattico del Dipartimento Educazione e la Sala Conferenze.

1

Sala Claudia Gian Ferrari mq 420

2

La **pavimentazione** in cemento spatolato del MAXXI è stata realizzata in modo artigianale. L'uso di spatole molto grandi rende omogenea la stesura e impercettibile il segno umano. La superficie è caratterizzata formalmente dall'assenza di giunti.

3

Le **colonne di ghisa**, data di fusione 1907, hanno un'altezza di m 5,97.

F SALA CARLO SCARPA

Tornando nell'atrio e oltrepassando la libreria e l'ascensore, si raggiunge la Sala Carlo Scarpa, ricavata dal corpo di fabbrica della ex-caserma, in cui 4 parallelepipedi in cemento armato sostengono il solaio della Galleria 4. L'ambiente, caratterizzato come il precedente da geometrie semplici e regolari e da ampie finestre che lasciano entrare la luce naturale, è dedicato alla collezione di fotografia del MAXXI Architettura.

1

Sala Carlo Scarpa mq 230

2

Ogni **pilastro** ha una base di m 1,00 × 0,30 e un'altezza di m 6,00.

Livello 0

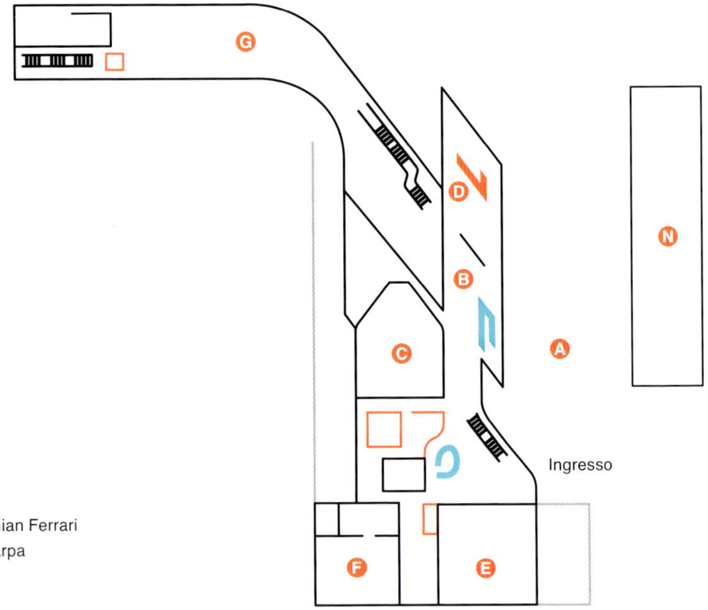

A Piazza
B Atrio
C Auditorium
D Caffetteria
E Sala Claudia Gian Ferrari
F Sala Carlo Scarpa
G Galleria 1
N Edificio D

Livello 1

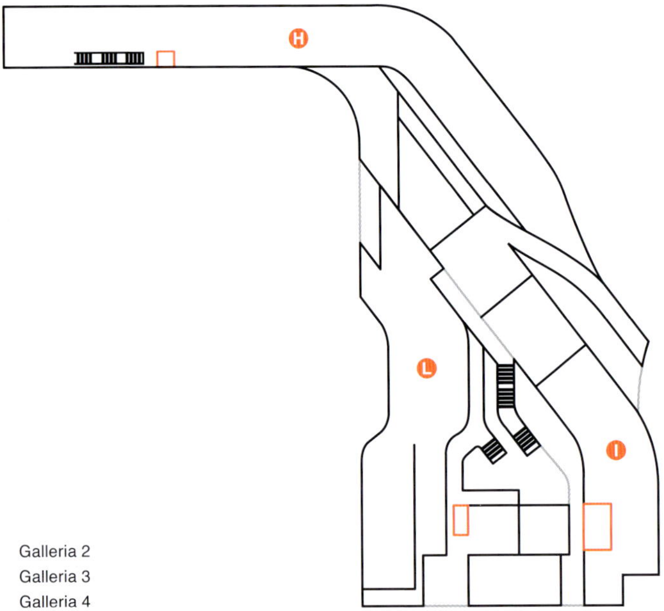

H Galleria 2
I Galleria 3
L Galleria 4

MAXXI Architettura
Museo di architettura moderna e contemporanea

G GALLERIA 1

La Galleria 1 ospita il Museo di Architettura e il suo Centro archivi. Attraversata la parete vetrata di ingresso al museo, si entra nel secondo spazio a tutta altezza del MAXXI. La scala sulla destra conduce alle Gallerie 2 e 3, dedicate all'arte. Questo spazio espositivo è l'unico illuminato interamente da luce artificiale poiché il suo solaio sostiene la sovrastante Galleria 2. Sulle pareti il cemento faccia a vista lascia il posto al cartongesso. La galleria è concepita come uno spazio continuo, animato dal movimento della parete-setto. Il concetto tradizionale e statico di sala espositiva è annullato e riplasmato in un ambiente dinamico, metafora del contesto spaziale e culturale del nostro tempo. All'interno delle gallerie, le opere delle collezioni permanenti dei due musei di arte e architettura sono esposte a rotazione, con allestimenti sempre diversi.

1

Galleria 1 mq 1.140

2

Le pareti rivestite in **cartongesso rinforzato** consentono di appendere opere d'arte anche molto pesanti e possono essere facilmente sostituite qualora i diversi allestimenti espositivi lo richiedano. Tra la parete esterna in cemento e il cartongesso all'interno, un'intercapedine di 60 cm alloggia tutti gli impianti tecnici. La climatizzazione dell'ambiente avviene per mezzo di griglie di ventilazione, aperte alla base e alla sommità delle pareti.

3

Il **sistema di illuminazione artificiale** consiste in lampade fluorescenti incassate nel controsoffitto e schermate da teli in Barrisol®.

4

L'altezza della parete-setto è di m 5,85.

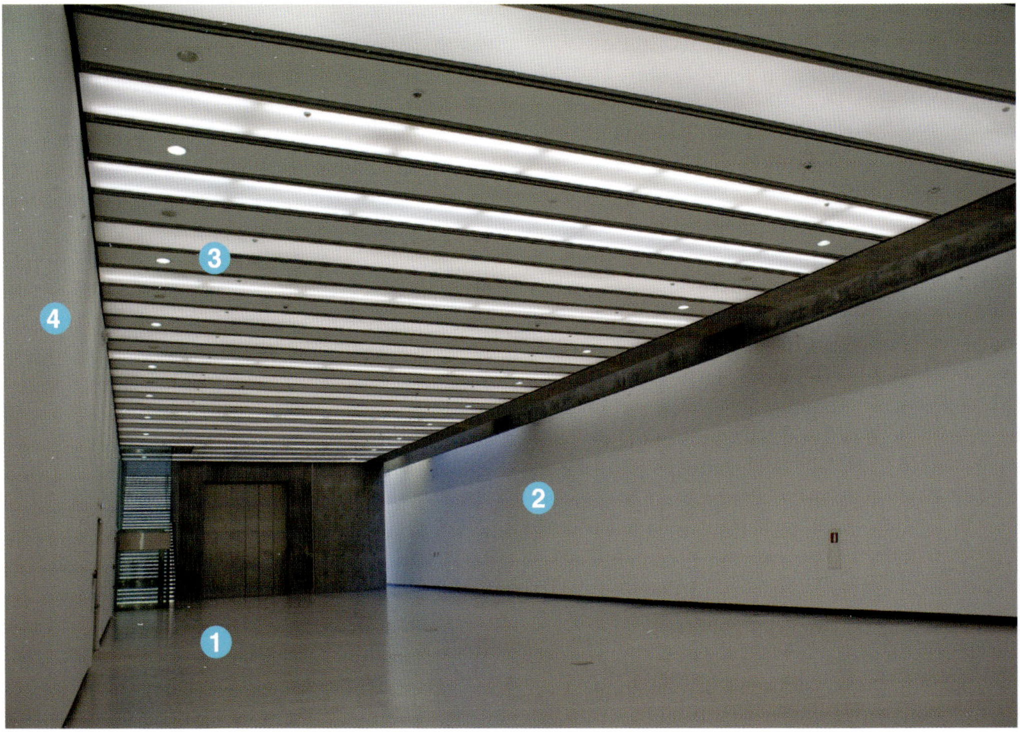

IL MUSEO DI ARCHITETTURA

In linea con la missione culturale del MAXXI, il Museo di Architettura è un'istituzione internazionale aperta e dinamica che utilizza gli strumenti più avanzati per diffondere la conoscenza dell'architettura e testimoniarne il ruolo nella società. Le attività del museo si sviluppano secondo due linee programmatiche, distinte ma complementari, volte a presentare al pubblico e agli addetti ai lavori l'architettura moderna e contemporanea.
La prima, di carattere storico-critico, è riservata all'architettura del XX secolo, proposta attraverso grandi mostre retrospettive dedicate a prestigiosi autori o a specifici temi del Novecento, avviando studi e riflessioni per conoscerne e riscoprirne il valore. La seconda, di natura più innovativa e sperimentale, è interamente dedicata al dibattito corrente e ai temi emergenti della contemporaneità, riservando una particolare attenzione ai giovani progettisti e al panorama internazionale, per ispirare e stimolare pubblico e addetti ai lavori a confrontarsi con le idee e gli spazi del futuro. Tutte le mostre del MAXXI Architettura sono temporanee: questo consente al museo di superare i limiti dello spazio e del tempo, offrendo ai suoi visitatori opportunità sempre più grandi e diverse per comprendere l'architettura. Alle pubblicazioni che accompagnano le mostre è demandato il compito di testimoniare quanto avvenuto nel corso degli anni, divenendo così fonti di preziose informazioni per tutti gli interessati.
Le collezioni del museo sono in continuo accrescimento ed esposte a rotazione nelle sue gallerie; tutto il patrimonio del MAXXI Architettura resta sempre consultabile dal pubblico presso il Centro archivi.

IL CENTRO ARCHIVI DI ARCHITETTURA

Sala studio e consultazione

Il Centro archivi di architettura del MAXXI cura, conserva e gestisce le collezioni del museo e ne favorisce promozione e diffusione.
Fanno parte delle collezioni gli archivi personali di alcuni tra i più importanti progettisti del Novecento quali Carlo Scarpa, Aldo Rossi e Pier Luigi Nervi. Accanto al patrimonio di schizzi, disegni, modelli, fotografie e documenti professionali di questi autori, figurano i materiali dei concorsi di progettazione organizzati dalla Direzione Generale per il Paesaggio, le Belle Arti, l'Architettura e l'Arte Contemporanee, dal Ministero per i Beni e le Attività Culturali, tra cui anche quello per la progettazione del MAXXI, oltre a quelli legati alla missione istituzionale di promozione dell'architettura e quelli destinati ai giovani architetti. Tra le collezioni speciali del Museo di Architettura vi sono i prodotti delle attività – mostre, committenze, laboratori – derivanti dai progetti culturali e di ricerca dello stesso MAXXI unitamente a prototipi, oggetti di design e rappresentativi della produzione industriale. Tutti questi materiali sono facilmente consultabili in formato digitale dal pubblico interessato, in uno spazio appositamente attrezzato nel Centro archivi.

DALLE COLLEZIONI DEL MUSEO DI ARCHITETTURA

Sei protagonisti del Novecento italiano

Carlo Scarpa
Progetto di arredi per lo Yacht Asta, 1935, collezione MAXXI Architettura

Carlo Scarpa (Venezia 1906 – Sendai, Giappone 1978)
Architetto, artista e designer, Carlo Scarpa è considerato una delle figure più interessanti della scena architettonica del Novecento. La sua attività è prevalentemente dedicata all'allestimento espositivo, al restauro di monumenti e alla progettazione di negozi e abitazioni private.
L'archivio, acquisito nel 2001,
è di natura prevalentemente tecnica e progettuale e documenta interamente la sua attività dal 1927 al 1978. Disegni, schizzi e incisioni, libri e documentazione fotografica, in parte inedita, testimoniano l'incessante ricerca formale e funzionale e la cura attenta per il dettaglio proprie del lavoro di Scarpa.

Enrico Del Debbio (Carrara 1891 – Roma 1973)
Tra gli architetti di maggiore rilievo attivi nella Capitale dove, fra gli anni venti e settanta del Novecento, Del Debbio realizza numerosi edifici, tra cui il Foro Italico, il Ministero degli Affari Esteri, lo Stadio del Nuoto e la Facoltà di Architettura. L'archivio di Enrico Del Debbio raccoglie materiale prodotto dall'architetto nel corso della sua lunga carriera professionale; oltre agli elaborati progettuali, vi sono appunti per l'attività didattica, fotografie, carteggi e parte della produzione artistica giovanile, tra cui tempere, carboncini, pastelli e acquarelli.

Enrico Del Debbio
Accademia di Educazione Fisica al Foro Mussolini, 1927, collezione MAXXI Architettura

Sergio Musmeci (Roma 1926 – 1981)
Laureato a Roma in ingegneria civile e in ingegneria aereonautica, Sergio Musmeci è considerato uno tra gli strutturisti più audaci del ventesimo secolo. Oltre a collaborare con alcuni tra i più grandi architetti italiani del Novecento, è progettista di articolate strutture quali il Ponte sul Basento a Potenza e il Ponte sulla via Appia Antica a Roma. Acquisito nel 2003, l'archivio personale di Musmeci comprende materiali che documentano l'impegno professionale in Italia e all'estero e la ricerca scientifica sui temi della forma strutturale. Il fondo archivistico è inoltre costituito da appunti, lezioni, materiali per la didattica e da un ricco carteggio.

Sergio Musmeci
Progetto per il Ponte sullo Stretto di Messina, 1969, in collaborazione con Zenaide Zanini, collezione MAXXI Architettura

Pier Luigi Nervi (Sondrio 1891 – Roma 1979)
Laureato in ingegneria civile, per tutta la sua carriera Pier Luigi Nervi si dedica alla progettazione e al calcolo di strutture architettoniche. Interessato alle possibilità tecniche del cemento armato, a partire dal 1920 svolge il duplice ruolo di progettista e imprenditore edile. Il consistente nucleo documentario – acquisito nel 2004 – testimonia il lavoro di Pier Luigi Nervi dagli anni venti al 1980 e documenta l'attività progettuale del suo Studio nella sperimentazione tecnologica sulle strutture in cemento armato in tutto il mondo, la sua attività scientifica e didattica e i rapporti con altri protagonisti del mondo architettonico, culturale e imprenditoriale del Novecento.

Pier Luigi Nervi
Palazzetto dello Sport, Roma, 1960,
collezione MAXXI Architettura

Aldo Rossi (Milano 1931 – 1997)
Architetto e teorico dell'architettura, Aldo Rossi è uno dei protagonisti di maggiore rilievo dell'architettura italiana del secondo dopoguerra. Nella sua carriera ha affiancato l'attività progettuale alla ricerca e alla didattica, divenendo il primo architetto italiano vincitore del Premio Pritzker, nel 1990. Acquisito nel 2002, l'archivio raccoglie modelli, elaborati e disegni eseguiti in ambito progettuale e altri di valore artistico realizzati in occasioni diverse dalla progettazione. Altri documenti di natura tecnica, scritti, fotografie e video testimoniano a tutto tondo l'attività professionale, didattica, scientifica e culturale di Aldo Rossi.

Aldo Rossi
Progetto di concorso per il Museo di Marburg, Marburg, 1987, collezione MAXXI Architettura

Vittorio De Feo (Napoli 1928 – Roma 2002)
L'architettura, per Vittorio De Feo, è il territorio di una ricerca artistica a tutto campo in cui si fondono pittura, scultura e letteratura; l'attitudine alla sperimentazione nel suo lavoro è testimoniata dal grande numero dei progetti elaborati in cinquant'anni di attività. Oltre alla professione di architetto e docente universitario, De Feo svolge importanti studi storici sull'architettura sovietica, su Robert Venturi e sull'arte e la cultura barocca. All'archivio De Feo – costituito da elaborati grafici, appunti, fotografie, diapositive e modelli – è allegato un prezioso fondo bibliografico.

Vittorio De Feo
Oratorio Mariano a Deruta (PG),
1995, collezione MAXXI Architettura

3
5
2
1

H GALLERIA 2

Dalla Galleria 1 mediante le scale, o l'ascensore, si accede alla Galleria 2. La prima metà di questo vasto ambiente è destinata alle collezioni del MAXXI Architettura, l'altra a quelle del MAXXI Arte. Sulle pareti cieche torna il cartongesso. Tratto caratteristico e dominante dell'architettura diventa l'illuminazione naturale, filtrata da un sofisticato sistema di copertura. La fuga delle lame in cemento, che corrono parallele le une alle altre, perpendicolarmente alla galleria, orienta e sottolinea la direzione del percorso, dando forza ed evidenza alle linee fluide e sinuose del progetto.

1

Galleria 2 mq 1.290

2

La lunghezza della galleria è di m 147 lineari

3

L'altezza della parete-setto è di m 12,60

4

La quota del pavimento è a m 6,60

5

Le lamelle in GRC, che sostengono la **copertura** trasparente, alloggiano internamente il sistema di illuminazione artificiale e i meccanismi per la movimentazione del frangisole. Quest'ultimo regola la luce naturale negli spazi interni in base a stagione, orario e condizioni meteorologiche, consentendo, se necessario, il completo oscuramento della galleria. I binari al di sotto delle lamelle permettono di appendere eventuali pannelli mobili per l'allestimento delle mostre. Esternamente, sulla copertura trasparente, una vetrata e una griglia metallica proteggono gli ambienti interni dai raggi del sole, evitando il surriscaldamento estivo.

Quattro protagonisti dell'architettura internazionale del XXI secolo

Alessandro Anselmi
Progetto di edificio polifunzionale presso la stazione di San Pietro, Roma, 2002, collezione MAXXI Architettura

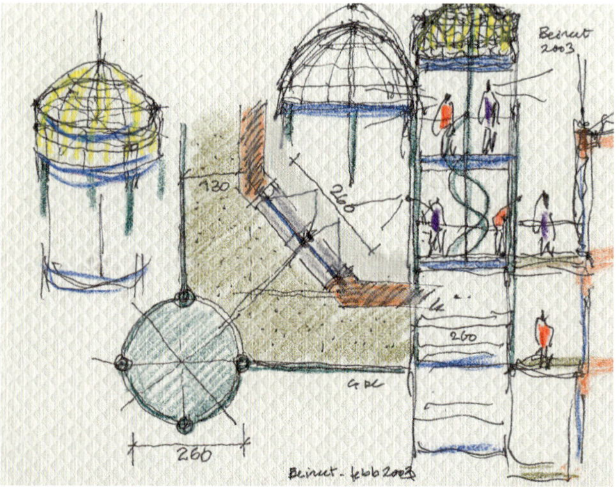

Giancarlo De Carlo
Progetto per residenze a Beirut, 2003, collezione MAXXI Architettura

Zaha Hadid
Modello del Centro per le arti contemporanee, Roma, 1999, collezione MAXXI Architettura

Toyo Ito
Modello dell'edificio TOD'S, Omotesando, Tokyo, Giappone, 2004, collezione MAXXI Architettura

La collezione di fotografia di architettura

La collezione di fotografia del MAXXI Architettura si compone, a oggi, di circa 1.000 fotografie d'autore acquisite a partire dal 2003 tramite progetti di committenza inseriti in programmi di ricerca e di analisi del territorio italiano sotto il profilo paesaggistico, urbanistico e architettonico.
La fotografia è una linea portante del Museo di Architettura per il ruolo di *medium* comunicativo che essa può svolgere nella presentazione dell'assetto fisico dello spazio, inevitabilmente al di fuori del museo.
Ma lo è anche per la dimensione autoriale della ricerca fotografica, in bilico tra documentazione e interpretazione critica, soggettiva, unilaterale dello spazio e della realtà.
In questo senso le ricerche svolte hanno utilizzato la fotografia tanto come mezzo quanto come fine: come mezzo, in quanto strumento per registrare lo stato del Paese nel suo mutevole paesaggio, per documentare e interpretare, costruire memoria, prefigurare sviluppi e formare la coscienza.
Nello stesso tempo, e a prescindere dall'esito delle ricerche, la fotografia, in quanto oggetto fisico, è stata anche il fine di questi progetti di committenza che mirano ad acquisire opere di qualità per le collezioni del museo.
Le fotografie del fondo travalicano il loro intento puramente (seppur utilmente) documentativo e acquistano un *plus valore* poetico ed estetico che oltrepassa l'ambito di partenza per dilagare in altri campi e produrre effetti non previsti che possono aiutarci a comprendere ciò che accade intorno a noi.
La scelta di adottare la strategia della committenza piuttosto che acquistare opere già disponibili sul mercato risponde infine a un'altra *mission* del museo: quella di porsi come macchina per la produzione di cultura, per stimolare e incentivare il lavoro degli artisti, attivando con essi un rapporto che lega la loro attività agli eventi culturali promossi dal MAXXI.
Naturalmente la selezione di fotografi nelle collezioni del MAXXI Architettura non va intesa come esaustiva: è una collezione *in fieri*, che sarà ampliata con opere di altri autori – emergenti o di fama già consolidata – del panorama ampio e variegato della fotografia d'autore.

Mimmo Jodice
Genova, la sopraelevata, 2002,
collezione di fotografia
MAXXI Architettura

Massimo Vitali
Palermo, Mondello Beach, 2007,
collezione di fotografia
MAXXI Architettura

Livello 1

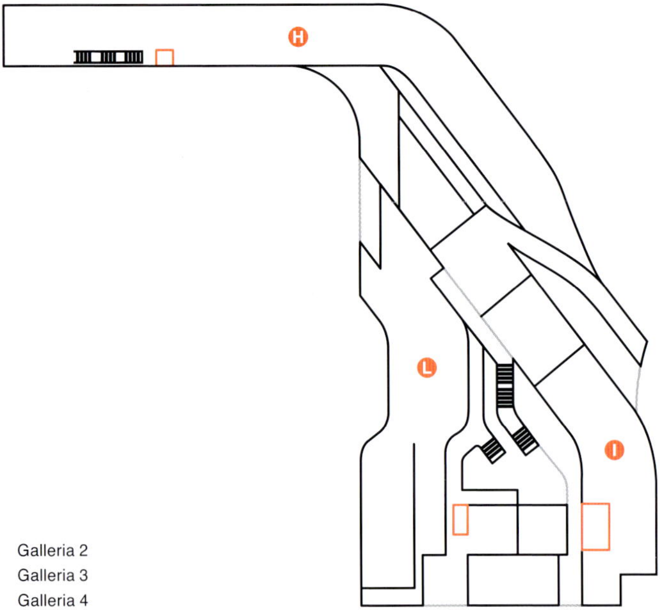

H Galleria 2
I Galleria 3
L Galleria 4

Livello 2

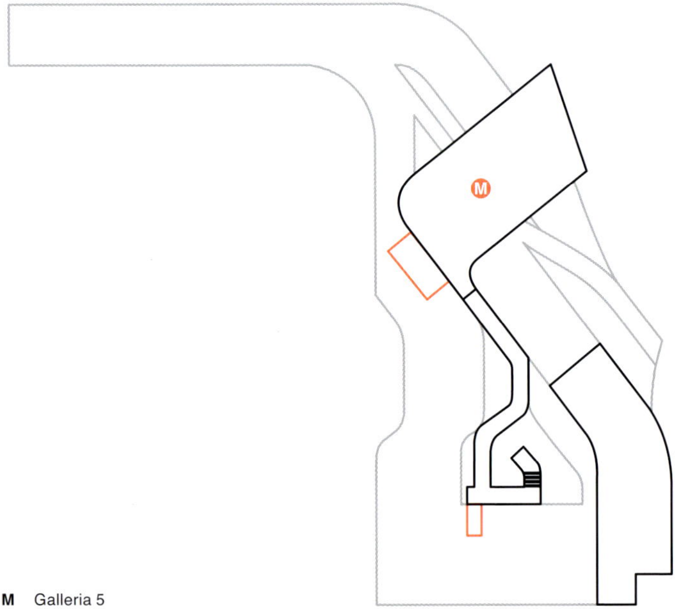

M Galleria 5

MAXXI Arte

Giunti a metà della Galleria 2, dove termina
il MAXXI Architettura, la parete si apre
a destra sulla Galleria 3. Qui inizia il MAXXI Arte.
Il visitatore può scegliere di proseguire
nella Galleria 2 oppure cambiare direzione.
Gli spazi confluiscono gli uni negli altri senza
cesure, come l'intreccio di sentieri in un bosco.

Maurizio Mochetti
Calotte di fiberglass con elastico – Oggetto polimerico, 1966-67, installazione, elastico di cotone, fiberglass, dimensioni ambiente.
Courtesy Maurizio Mochetti

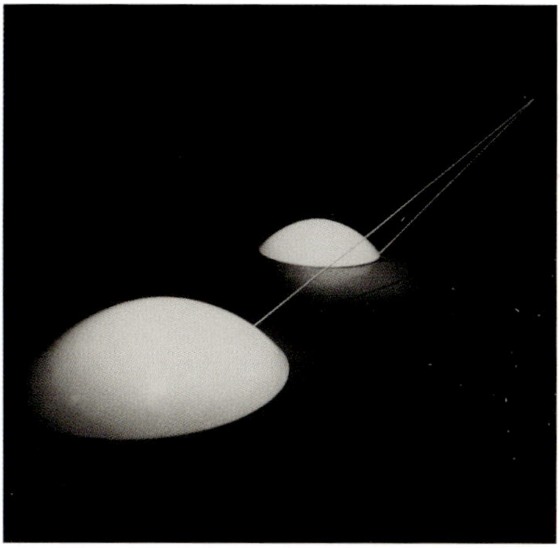

Massimo Bartolini
Mixing parfums, 2000, installazione, porta girevole luminosa, essenza di gelsomino, dimensioni ambiente

Il MAXXI Arte e la sua collezione

Il MAXXI è nato nell'ambito di un progetto voluto dal Ministero per i Beni e le Attività Culturali come ideale prosecuzione della Galleria nazionale d'arte moderna di Roma, le cui collezioni sono dedicate ai secoli XIX e XX e hanno un carattere ormai storicizzato. Il MAXXI viceversa nasce come luogo di ricezione e sperimentazione dei linguaggi artistici più attuali, una realtà tutta protesa verso il futuro. Al fine di armonizzare e assicurare una continuità alle collezioni delle due istituzioni, il MAXXI Arte si propone l'anno 2000 come punto di partenza cronologico, orientativo e flessibile, delle proprie acquisizioni, senza trascurare la documentazione del passato più recente: gli ultimi cinquant'anni di storia dell'arte. Accanto ai lavori della generazione di artisti nati prevalentemente negli anni sessanta e settanta, la presenza di una selezione di opere dei maestri permette di comprendere la ricerca italiana degli ultimi anni, i rapporti, gli scambi e le influenze tra personalità anagraficamente distanti. È così possibile confrontare opere di Mario Merz, Michelangelo Pistoletto, Alighiero Boetti, Giulio Paolini, Gino De Dominicis con quelle, tra gli altri, di Stefano Arienti, Bruna Esposito, Massimo Bartolini, Mario Airò, Eva Marisaldi e dei più giovani Claudia Losi, Giuseppe Gabellone, Stefania Galegati, Francesco Vezzoli. La collezione del MAXXI intende rispecchiare la ricchezza e la complessità del contesto artistico nazionale rintracciando la propria specificità nel radicamento su questo territorio, senza tuttavia rinunciare a documentare il panorama internazionale. Quest'ultimo viene riproposto dal museo secondo linee di lettura che privilegiano gli artisti più direttamente legati al contesto italiano, quali per esempio Alfredo Jaar, Kiki Smith, Adrian Paci.
Il MAXXI Arte attualmente possiede una collezione di oltre 300 opere, un numero in continuo incremento grazie a un'attività di acquisizioni che affianca, e in parte rispecchia, quella espositiva avvalendosi di modalità diverse: gli acquisti, la committenza diretta attraverso i premi, i concorsi e le mostre, le donazioni e i comodati d'uso a lungo termine.
Il **Premio per la Giovane Arte Italiana** (4 edizioni dal 2000 al 2007) ha arricchito le collezioni del museo di 30 opere appositamente realizzate, solo per ricordarne alcune: *Città ideale* di Liliana Moro e *Climbing* di Vedovamazzei, dell'edizione 2000, *Monologue Patterns (Crisalide)* di Loris Cecchini e *La Terra è troppo grande* di Lara Favaretto, entrambe dell'edizione 2004-05. Il concorso è stato un efficace strumento di indagine del panorama artistico nazionale. Il museo, nel ruolo attivo di committente, ha promosso e sostenuto il lavoro degli artisti più giovani, garantendo loro un'ampia visibilità attraverso la partecipazione alla Biennale di Venezia e alle mostre realizzate presso la sede temporanea del MAXXI (l'Edificio D, che attualmente ospita alcuni dei servizi del museo, dal 2003 al 2009 è stato sede di un'intensa attività espositiva).
Il nuovo **Premio Italia Arte Contemporanea** raccoglie l'eredità del precedente e si propone come un importante momento di riconoscimento istituzionale e promozione in ambito internazionale di artisti con meno di 45 anni che da circa un decennio hanno significativamente contribuito alla ricerca artistica in Italia.
Il **Premio MAXXIduepercento** è un concorso internazionale che nasce da una legge del 1949

William Kentridge
North Pole Map, 2003, arazzo
tessuto in seta e ricamato,
cm 340 × 390

secondo la quale le Amministrazioni dello Stato e tutti gli Enti pubblici che provvedono alla costruzione di edifici pubblici devono destinare alla produzione di opere d'arte una quota non inferiore al 2% della spesa totale prevista nel progetto. Il Premio ha visto la prima applicazione di questa legge in Italia, permettendo la realizzazione dell'opera di Maurizio Mochetti *Rette di luce nell'iperspazio curvilineo* ed *Emergency's Paediatric Centre a Port Sudan Supported by MAXXI*, di Massimo Grimaldi, entrambe acquisite alle collezioni del MAXXI ed esposte nell'atrio e nella piazza del museo. Le **donazioni** da parte dei privati costituiscono un altro importante canale di acquisizione per le collezioni. La donazione di Claudia Gian Ferrari ha assicurato alla fruizione pubblica 58 importanti opere di artisti italiani e stranieri come Charles Avery, Matthew Barney, Gabriele Basilico, Christian Boltanski, Pier Paolo Calzolari, Tony Cragg, Marlene Dumas, William Kentridge, Anselm Kiefer, Ettore Spalletti e Patrick Tuttofuoco.
Il Museo d'Arte contemporanea è un organismo dinamico e in continua trasformazione.
Per poter interpretare e comunicare il tempo presente fa della metamorfosi un metodo di lavoro. Per questo motivo la collezione è esposta a rotazione al pubblico con criteri selettivi che vanno dal taglio tematico all'approfondimento sul singolo artista o gruppo di artisti, consentendo itinerari di visita sempre nuovi. Alcune installazioni ambientali fisse tuttavia caratterizzano il percorso all'interno degli spazi del museo.

Stefano Arienti
Ciliegio e tulipani, 1991-93,
poster parzialmente cancellato
montato su pannello, cm 96 × 104.
Courtesy Stefano Arienti

Lara Favaretto
La terra è troppo grande, 2005, videoinstallazione, sala da proiezione, pannellatura e scatola esterna in Mdf, video proiettore, lettore dvd, dvd b/n, sonoro, loop, dimensioni ambiente.
Premio per la Giovane Arte Italiana 2004-05. Courtesy Galleria Franco Noero, Torino

Vedovamazzei
Climbing, 2000, installazione, ferro, cristallo, lampadine, pelliccia di volpe argentata, diametro cm 300. Premio per la Giovane Arte Italiana 2000

Wolfgang Tillmans
Mental Pictures #30, 2000, stampa cibachrome, cm 60 × 51. Donazione Claudia Gian Ferrari

Armin Linke
Veduta dell'interno dello Ski Dome di Tokyo, 1998

Le installazioni permanenti

L'opera ***Widow*** (2004) di **Anish Kapoor** (Bombay, India 1954) consiste di un telo di pvc nero, teso e ancorato alle pareti circostanti. Il lavoro dell'artista anglo-indiano si situa al crocevia di due tradizioni culturali diverse: quella occidentale e quella orientale. Così come in altre opere, realizzate mediante materiali specchianti, Kapoor manipola e dà forma al vuoto impegnando lo spettatore in un'esperienza visiva, spaziale e psichica di forte impatto. Lo sguardo è attratto dalla geometria complessa dell'involucro, ma, mentre si sforza di attraversarlo, viene respinto dalla sua impenetrabilità. L'impossibilità di attestarsi su un punto di vista privilegiato spinge lo spettatore a una continua instabilità nella relazione con l'opera. Quest'ultima diventa metafora di un particolare approccio conoscitivo al mondo, suscitato attraverso la percezione sensoriale. L'installazione si trova nella Galleria 1 del Museo di Architettura.

Anish Kapoor
Widow, 2004, installazione, pvc-poliestere, acciaio, cm 4610 × 14630 × 4610.
Courtesy Galleria Massimo Minini, Brescia

Le forme della geometria euclidea hanno accompagnato **Sol LeWitt** (Hartford, USA 1928/New York 2007) fin dagli esordi della sua carriera come esponente del Minimalismo. ***Wall Drawing #375*** (1982) fa parte di una serie progettata a partire dal 1981, dopo il trasferimento di LeWitt in Italia, a Spoleto. L'incontro con i grandi cicli pittorici ad affresco del Quattrocento italiano furono motivo di ispirazione e riflessione sul rapporto tra pittura e involucro architettonico. I solidi geometrici si stagliano sul piano del muro mettendone in discussione la natura bidimensionale. Nella rappresentazione assonometrica le linee ortogonali dei tre solidi non convergono verso un unico punto di fuga. Una costruzione univoca e coerente dello spazio è negata in favore di una percezione dialettica tra ambiente reale e spazio illusionistico. L'approccio logico e intellettivo richiesto allo spettatore si spinge fino all'intuizione e oltre, verso uno stato ambiguo da alcuni critici paragonato a un'esperienza di immersione simile al misticismo. L'opera è stata realizzata dagli assistenti su progetto dell'artista e si trova nell'Atrio.

Sol LeWitt
Wall Drawing #375, 1982,
installazione, china acquarellata,
dimensioni ambiente

Nell'opera ***Sculture di linfa*** (2007) **Giuseppe Penone** (Garessio di Cuneo 1947) condensa alcuni dei temi e delle forme del lavoro degli ultimi anni. A interessare da sempre l'artista sono: il rapporto osmotico tra essere umano e natura nel loro reciproco rispecchiarsi; la possibilità del primo di intervenire nei processi di sviluppo della seconda; l'arte, e in particolare la scultura, come superficie di transito e accumulazione di energie attraverso la materia. Le pareti dell'ambiente sono rivestite di corteccia d'albero a sua volta ricoperta di cuoio. Pelle su pelle, vegetale e animale si fondono nella continuità indistinta della natura. Sul pavimento di marmo affiorano increspature e rilievi come se l'artista avesse riportato in superficie le venature della pietra o vi avesse scoperto l'impronta di un cervello. Al centro, un asse di legno incavato conserva un cuore di resina. L'albero è il filo conduttore dell'opera, un'installazione complessa che coinvolge vista, tatto e olfatto. L'opera si trova nella Galleria 4.

Giuseppe Penone
Sculture di linfa, 2007, installazione, legno, cuoio, resina, marmo di Carrara, dimensioni ambiente

Dagli anni sessanta a oggi: opere scelte

A partire dal 1968 **Mario Merz** (Milano 1925 – Torino 2003) lavora sulla forma "igloo", costruzione ambientale che, secondo l'artista, dà vita al mondo intero e alla piccola casa, allo spazio privato e a tutto il reale. Merz introduce nei suoi lavori la serie numerica elaborata dal matematico pisano Leonardo Fibonacci nel XIII secolo nella quale ciascun numero è dato dalla somma dei due precedenti (1, 1, 2, 3, 5, 8, 13...) e il rapporto tra essi rimanda alla crescita dei fenomeni naturali. Nell'opera ***Senza titolo (Triplo igloo)*** del 1984, i numeri di Fibonacci realizzati al neon e i tre igloo inseriti l'uno dentro l'altro alludono all'evoluzione del cosmo e dell'uomo, agli impulsi e alle energie vitali che animano l'universo. L'opera inoltre, realizzata prevalentemente in vetro, materiale fragile e trasparente, induce a riflettere sulla precarietà dell'esistere, sull'istinto naturale di protezione, ma anche sulla necessità di instaurare un contatto con il mondo esterno.

Mario Merz
Senza titolo (Triplo igloo), 1984-2002, installazione, vetro, morsetti, ferro, creta, neon, singoli igloo: cm 300 × 600, 400 × 200, 200 × 100

L'opera di **Michelangelo Pistoletto** (Biella 1933) ***Quadro di fili elettrici – Tenda di lampadine*** (1967) è una rilettura ironica e contemporanea dell'oggetto quadro. I materiali tradizionali della pittura sono sostituiti da oggetti comuni come lampadine e fili elettrici. Allo stesso tempo la lampadina in quanto fonte luminosa rimanda a un tema, quello della luce, che nella pittura ha avuto sempre larga fortuna e grande importanza, elemento stesso della sua costruzione. Il riciclaggio degli oggetti comuni è un tema caro all'Arte Povera, corrente artistica nata nella seconda metà degli anni sessanta alla quale Pistoletto aderisce. In polemica con la società dei consumi e della rapida industrializzazione, nella quale l'opera d'arte era diventata merce del consumo culturale, gli artisti "poveristi" da un lato praticavano la smaterializzazione dell'oggetto, riducendolo a idea e progetto, dall'altro sceglievano di usare materiali tecnologicamente poveri.

Michelangelo Pistoletto
Quadro di fili elettrici – Tenda di lampadine, 1967, cavi elettrici, lampadine, cm 268 × 440

Nell'opera di **Alighiero Boetti** (Torino 1940 – Roma 1994) ***Mappa*** (1972-73), uno degli arazzi realizzati tra il 1971 e il 1994 da ricamatrici afgane su disegno dell'artista, viene registrata la situazione geopolitica mondiale in un preciso momento storico, l'inizio degli anni settanta, con i relativi rapporti di potere.
La suddivisione del planisfero in base ai confini territoriali di ogni Stato, contrassegnato dal disegno della propria bandiera, rende evidente il contrasto tra il sistema artificiale imposto dall'uomo e le conformazioni terrestri stabilite dalla natura. L'iscrizione sul bordo dell'arazzo integra il linguaggio nell'opera d'arte e contiene informazioni su circostanze, data e luogo di realizzazione.
L'interesse per la geografia e le sue trasformazioni politiche lega questi lavori all'attualità storica, che rientra tra i temi prediletti dall'artista insieme alla riflessione sul tempo e alla scoperta e all'analisi delle leggi e dei sistemi che ordinano il mondo. Per Boetti il momento dell'ideazione creativa riassume tutto il significato del fare arte. L'artista rende visibile un processo di pensiero attraverso l'oggetto-opera la cui esecuzione, pertanto, può essere delegata ad altri operatori.

Alighiero Boetti
Mappa, 1972-73, ricamo a mano su lino, cm 163 × 217

Gilbert & George
Nothing Breath-Taking Will Occur Here, But..., 1971,
carboncino su carta intelata,
cm 280 × 225

I 4 disegni a carboncino su carta ***As Day Breaks Over Us We Rise Into Our Vacuum, Nothing Breath-Taking Will Occur Here, But...***, ***Our Limbs Begin To Stir And To Form Actions Of Looseness***, ***We Stroll With Specialised Embarrassment And Our Purpose Is Only To Take The Sunshine*** fanno parte di una serie di 23 che il duo inglese **Gilbert & George** (Gilbert Proesch, San Martino, Bolzano 1943 – George Passmore, Plymouth, Gran Bretagna 1942) ha realizzato nel 1971 dal titolo *The General Jungle or Carrying on Sculpting*. I disegni sono stati ricalcati da diapositive scattate agli artisti in performance in un parco londinese e proiettate a parete. L'opera è una sorta di trasposizione su carta della performance e indaga il rapporto tra naturale e artificiale, nell'arte come nella vita, tema centrale nel lavoro della coppia britannica. L'iconografia cita la tradizione della pittura inglese di paesaggio del XVIII secolo ispirata al pittoresco; lo stile del disegno ricorda il Vorticismo e l'Espressionismo astratto americano. Gli artisti sono noti soprattutto per le perfomance degli anni sessanta durante le quali, come sculture viventi, ripetevano meccanicamente le stesse azioni per ore, in polemica con ogni forma di convenzione sociale e culturale che plasma gli individui. I titoli dei 23 disegni, quasi didascalie delle immagini, sono commenti sarcastici sulla funzione e l'utilità dell'artista nella società contemporanea.

Il cielo raffigurato nel dipinto ***Sternenfall*** (1998) dell'artista tedesco **Anselm Kiefer** (Donaueschingen, Germania 1945) assomiglia a un archivio nel quale ogni stella è identificata dal codice alfanumerico usato dalla NASA per classificare i corpi celesti. Linee tracciate a congiungere dei punti disegnano costellazioni immaginarie. Alcuni codici trascritti su targhette di vetro si trovano sul pavimento, sotto la tela: sono le stelle cadute; esse mettono in comunicazione il cielo e la terra. Allo stesso tempo, il confronto formale e iconografico con altre opere dell'artista intitolate *Sternen-lager* (*Magazzini di stelle*) suggerisce un'allusione alla storia tedesca e in particolare all'Olocausto. I numeri sulla tela riportano alla mente quelli tatuati sulle braccia degli ebrei prigionieri nei lager nazisti. La memoria si intreccia con la tematica cosmica in un insieme indissolubile.
L'arte è uno strumento per ripercorrere e trascendere la storia. La rielaborazione della tradizione culturale germanica strumentalizzata a fini ideologici dal regime nazista e per questo rimossa dalla cultura tedesca contemporanea è uno dei fili conduttori del lavoro di Kiefer insieme al tema del rapporto tra microcosmo e macrocosmo.

Anselm Kiefer
Sternenfall, 1998, tela, emulsione di acrilico, gommalacca, gesso, piombo, vetro dipinto, cm 456 × 530

Molte opere della ricchissima ed eterogenea produzione artistica di **Rosemarie Trockel** (Schwerte, Germania 1952) si ispirano al mondo femminile. L'artista mette in discussione, con ironia, i ruoli storicamente attribuiti ai diversi generi sessuali e le teorie sociali, politiche e psicoanalitiche formulate per giustificarli.
Nell'opera ***Senza Titolo*** (2000) venti piastre elettriche sono presentate verticalmente su base d'alluminio verniciato. I volumi geometrici, i materiali industriali e la serialità delle forme citano in modo giocoso il Minimalismo. I fornelli collocati sulla parete ricordano la tela di un quadro ma allo stesso tempo diventano elementi potenzialmente pericolosi che mettono in discussione la figura della donna mansueta e rassicurante, tradizionalmente impegnata in cucina. Allo stesso tempo il passaggio dal piano orizzontale, simbolicamente femminile, a quello verticale, riferito al maschile, libera l'oggetto dalla sua funzione pratica elevandolo a prodotto estetico.

Rosemarie Trockel
Senza Titolo, 2000, vernice polverizzata su alluminio, 20 piastre elettriche, cm 172 × 260 × 11,3.
Courtesy Monica Spruth e Philomene Magers

I tre autoritratti dell'artista finlandese **Elina Brotherus** (Helsinki 1972), ***Femme à sa toilette*** (2001), ***Le matin*** (2001) e ***Fille aux fleurs*** (2002), fanno parte della serie *The new painting* (2000-04). Rispetto ai primi autoritratti in cui la fotografa indagava emozioni ed eventi autobiografici, come la morte dei genitori, il matrimonio e la successiva separazione, nelle opere in collezione la Brotherus si concentra sulla struttura formale dell'immagine fotografica piuttosto che sul suo contenuto. Il confronto con la tradizione pittorica, in particolare l'Impressionismo francese, è suggerito dai titoli delle opere. La presenza dell'artista stessa come modella delle immagini, realizzate con l'autoscatto, rimanda alle pratiche di documentazione degli anni sessanta e settanta. L'autoritratto non vuole indagare la psicologia del soggetto, il cui volto appare nascosto o sfocato, la figura dell'artista è piuttosto uno degli elementi della composizione, come le nature morte con vasi di fiori in mezzo alle quali è raffigurata in *Fille aux fleurs*.

Elina Brotherus
Fille aux fleurs, 2002, stampa cromogenica su alluminio anodizzato, cm 105 × 130.
Courtesy Galleria Sonath Parigi

Francesco Vezzoli
The Kiss (Let's Play Dynasty),
2000, video, 6'

Nei video, come nei ricami, di **Francesco Vezzoli** (Brescia 1971) si intrecciano i materiali visivi che l'artista ha assorbito nei suoi anni di formazione: il cinema d'autore (Visconti come Pasolini), la letteratura e il teatro, ma anche il mondo dell'*entertainment* televisivo fatto di soap opera, videoclip musicali e varietà. La cultura visiva di Vezzoli mescola e fonde frammenti e citazioni appartenenti sia alla cultura "alta" sia a quella considerata "bassa", cucendo insieme una trama fatta di passioni personali. In ogni video Vezzoli si avvale della collaborazione di professionisti appartenenti al mondo dello spettacolo: autori, scenografi, registi, attori, al fine di confezionare un prodotto conforme ai format televisivi e cinematografici. L'intento è quello di enfatizzare i diversi generi e il loro linguaggio svelandone i meccanismi comunicativi. Nel video ***The Kiss (Let's Play Dynasty)*** del 2000, Vezzoli mette in scena un'ironica rivisitazione della celebre soap opera americana Dynasty, ambientata però in un'atmosfera colta e raffinata a sfondo omosessuale. Lo stesso artista vi prende parte insieme all'attore austriaco Helmut Berger, in un gioco infinito di rimandi e citazioni tra il linguaggio televisivo americano e quello cinematografico europeo.

H GALLERIA 2

Scegliendo uno dei percorsi possibili, si prosegue lungo la Galleria 2, che va restringendosi fino a diventare una passerella sospesa sulla piazza sottostante. Un'asola vetrata offre un improvviso affaccio sull'esterno, una pausa nell'esperienza immersiva vissuta all'interno del museo. Piuttosto che un edificio chiuso in se stesso, il MAXXI è un'architettura permeabile al contesto circostante, una stratificazione di corpi in aggetto in rapporto osmotico e dinamico con l'esterno: i suoi spazi sono segno e forma di un'idea di cultura contemporanea, democratica e partecipata.
Il corridoio piega a destra per reimmergersi nel corpo principale dell'edificio congiungendosi alla Galleria 3.

Giulio Paolini
1/25/71, 1971 circa, due fotografie su tela emulsionata, cm 80 × 182 (misure complessive), sulla tela, in alto a sinistra: Giulio Paolini (1/25/71) 1965-1971

GALLERIA 3

Questa galleria è fortemente connotata dalla presenza delle lame di copertura che permettono di percepire l'andamento variabile dello spazio. Il piano orizzontale, scandito in rampe e terrazzamenti a quote diverse, contribuisce al carattere instabile e mutevole di questa architettura.

Ed Ruscha
I L-Live in H-Hollywood, 1979,
pastello su carta, cm 58,8 × 73,8

1

Galleria 3 mq 1.149

2

La lunghezza della galleria è di m 123 lineari

3

La copertura è a quota m 15,80

4

Il pavimento è a quota m 9,80

7
5
8
6

5

Galleria 3

6

Vista sulla Galleria 1
dalla Galleria 3

7

Solaio della Galleria 5

8

Nella Galleria 1 è stata allestita l'installazione permanente di Anish Kapoor.

Giuseppe Gabellone
I Giapponesi, 2003, schiuma poliuretanica rigida, cm 146 × 103 × 11. Courtesy Studio Guenzani, Milano

Ilya ed Emilia Kabakov
Where Is Our Place?, 2003, installazione, olio su tela, legno, stampe fotografiche b/n su carta, tessuto, cuoio, vetro, acrilico su styrofoam, dimensioni ambiente

Francis Alÿs
Sleepers II, 2001, installazione, 80 diapositive, durata 2' 40", dimensioni ambiente

Nunzio
Avaton, 2007, installazione, legno combusto, cm 200 × 700 × 160. Courtesy Galleria dell'Oca, Roma

L GALLERIA 4

La Galleria 4, insieme alla Galleria 3, abbraccia il corpo della ex-caserma Montello. In fondo all'ambiente, un'asola vetrata si apre su via Guido Reni; alla sua sinistra, gli ascensori danno accesso agli altri livelli dell'edificio.

1

Galleria 4 mq 1.040

2

La lunghezza della galleria è di m 85 lineari

3

Nella Galleria 4 è stata allestita l'installazione permanente di Giuseppe Penone.

2

1

Tutte le scale e le passerelle sospese sull'atrio hanno una struttura portante in travi reticolari. Il rivestimento in lamiera verniciata nera ospita anche i corrimano e il sistema di illuminazione. Per aumentare l'effetto di leggerezza e trasparenza, il pavimento è costituito da un grigliato metallico. Nella loro parte sottostante, i percorsi di collegamento accolgono plafoniere con lampade a fluorescenza schermate da teli in Barrisol®.

2

Lo sviluppo lineare complessivo delle scale è di m 160 lineari

3

La copertura è a quota m 15,40

GALLERIA 5

La sequenza di spazi espositivi, finora fluida e continua, culmina nella Galleria 5, l'ultima del museo, con un affaccio sul paesaggio urbano circostante. Il volume, sospeso sulla piazza a quota m 22,70, aggetta per m 11,60. Il suo pavimento inclinato aumenta la sensazione di ascesa e slancio nel vuoto, sorprendendo il visitatore, a metà percorso, con un vertiginoso taglio vetrato sulla sottostante Galleria 3.

1

Galleria 5 mq 758

2

La lunghezza della galleria
è di m 55 lineari

3

L'asola vetrata nel pavimento
affaccia sulla sottostante Galleria 3

Grazia Toderi
Rosso, 2007, videoproiezione, dvd in loop, proiettore, lettore dvd, colore, sonoro, loop, dimensioni variabili

Gino De Dominicis
Statua (Figura distesa), 1979,
cappello cm 3 × 4 × 11; pantofole in paglia intrecciata cm 25 × 9 × 9; base in legno dipinta in bianco cm 40 × 222,6 × 90

Ⓝ EDIFICIO D

L'Edificio D, realizzato in muratura di tufo e laterizio con struttura interna in ferro costituita da pilastri e travi reticolari, ospita spazi destinati a diverse attività, per accrescere l'offerta del MAXXI e sottolinearne la dimensione di campus polifunzionale. Piano terra: il MAXXI B.A.S.E. (Biblioteca, Archivi, Studi, Editoria), la caffetteria, il ristorante e la libreria. Primo piano: gli uffici della Fondazione MAXXI.

Durante il giorno il museo sfrutta la luce naturale grazie alla sua copertura vetrata per garantire la fruizione ottimale delle opere. La notte, il MAXXI si accende come una grande lanterna, un arabesco luminoso stagliato sul profilo della città.

Sulla piazza i corpi illuminanti a terra, chiamati tartarughe, tracciano i percorsi pedonali. Il catodo luminoso ricalca il perimetro dell'edificio e lo illumina scenograficamente dal basso.

Per saperne di più

ATTIVITÀ E SERVIZI

MAXXI B.A.S.E. (Biblioteca, Archivi, Studi, Editoria)

Il MAXXI B.A.S.E., situato nell'Edificio D, è articolato nelle due sezioni di arte e architettura, comprende la **Biblioteca**, la **Mediateca**, l'**Archivio del Contemporaneo** e l'**Archivio Fotografico**. La struttura raccoglie, conserva, crea e diffonde la conoscenza e la cultura dell'arte e dell'architettura contemporanee, della loro storia, teoria, pratica e ruolo nella società di oggi. Il MAXXI B.A.S.E. nasce con il compito di documentare tutte le attività del museo, dalle esposizioni agli eventi e alle attività scientifiche direttamente collegate allo studio delle collezioni permanenti. La documentazione prodotta è classificata, conservata e resa disponibile alla consultazione del pubblico. Il MAXXI B.A.S.E. è una struttura viva e dinamica, un autentico laboratorio di ricerca. Oltre alle più importanti e prestigiose pubblicazioni tematiche internazionali, sono disponibili postazioni di consultazione multimediale, per offrire al pubblico attrezzature e strumenti all'avanguardia nell'approfondimento, nella ricerca e nella comprensione dei fenomeni artistici contemporanei. I servizi offerti al pubblico sono integrati da attività didattiche, mostre e pubblicazioni. L'Archivio del Contemporaneo conserva e rende fruibili al pubblico i fondi del museo che consistono di materiali eterogenei come cartelle e rassegne stampa, inviti, manifesti, fotografie e filmati. L'Archivio Fotografico conserva la documentazione visiva delle collezioni del museo e degli allestimenti delle mostre temporanee.

Nel MAXXI prendono forma spazi e servizi che arricchiscono e qualificano l'offerta culturale del museo e della città. La **caffetteria** e il **ristorante** sono luoghi dinamici e vitali, vero e proprio prolungamento delle aree espositive; accessibili anche di sera, ospitano eventi e manifestazioni culturali con una programmazione autonoma.
La **libreria internazionale** specializzata in arte, urbanistica, design, architettura e fotografia propone il meglio delle pubblicazioni internazionali del settore; in vendita anche una selezione di gadget e oggetti firmati MAXXI.

Dipartimento Educazione

Il **Dipartimento Educazione** del MAXXI nasce nel 2004 in convenzione con l'Insegnamento di Didattica del Museo e del Territorio della Facoltà di Scienze Umanistiche dell'Università degli Studi di Roma "La Sapienza". Negli anni ha sperimentato strategie e strumenti didattici sulle esposizioni temporanee ospitate nell'Edificio D, maturando una metodologia integrata di approccio all'arte e all'architettura contemporanee. Presupposto teorico dei percorsi didattici rivolti ai ragazzi è conoscere attraverso "il fare", privilegiando un approccio multisensoriale e operativo che consenta di trasmettere la complessità dei significati dell'arte contemporanea. Le proposte rivolte al pubblico adulto e alle famiglie sono vere occasioni di incontro e apprendimento e comprendono laboratori, visite guidate, workshop con gli artisti, conferenze, performance di danza, spettacoli teatrali e concerti. Particolare attenzione è rivolta al cosiddetto "non pubblico". Indagare e conoscere il profilo di chi non viene al museo, capirne le motivazioni e modificarne il comportamento è infatti l'obiettivo dei *focus group*: un metodo di ricerca qualitativa articolato in gruppi di discussione. Questo progetto integra le indagini svolte dall'**Ufficio Qualità dei Servizi per il pubblico** tramite questionari, interviste e *web-poll*, per rilevare il grado di soddisfazione dei visitatori, con l'obiettivo di migliorare costantemente il livello dei servizi offerti. Proposte specifiche vengono dedicate ai visitatori diversamente abili e con disagio mentale.
Una serie di progetti sperimentali è rivolta alle comunità etniche sul territorio. Instaurare con esse un dialogo permanente consente al museo di divenire luogo privilegiato di condivisione e interculturalità.

UN PO' DI STORIA

Il contesto urbanistico

Verso la fine del XIX secolo, l'area compresa tra la via Flaminia e l'antico Ponte Milvio è una distesa di campi periodicamente allagati dalle piene del fiume Tevere.
Il primo Piano Regolatore di Roma, risalente al 1909, individua l'area flaminia quale luogo idoneo per gli stabilimenti di produzione industriale, accanto ai quali far sorgere alcuni complessi di edilizia pubblica.
Due anni più tardi, l'Esposizione universale segna lo sviluppo dell'area come polo culturale, per l'intrattenimento sportivo e il tempo libero: si costruiscono così l'ippodromo dei Parioli, lo Stadio Nazionale, la Galleria nazionale d'arte moderna e i padiglioni stranieri.
Tra il 1920 e il 1940, mentre sulla sponda opposta del Tevere prende forma il grande piano del Foro Mussolini, si susseguono numerosi progetti per la trasformazione dell'area flaminia, purtroppo destinati a restare inattuati.
Dopo la Seconda guerra mondiale, la designazione di Roma quale città ospitante i Giochi Olimpici del 1960 porta alla realizzazione del Villaggio Olimpico, del Palazzetto dello Sport e dello Stadio Flaminio, impreziosendo il quartiere con le realizzazioni di Adalberto Libera, Luigi Moretti e Pier Luigi Nervi.
Con l'avvio del concorso per il nuovo Auditorium, nel 1994, il quartiere Flaminio affronta una terza fase di riqualificazione urbana di grande respiro; otto anni più tardi, s'inaugura l'Auditorium Parco della Musica, progettato da Renzo Piano, che porta nell'area nuove funzioni e introduce nuovi modi di vivere il quartiere e i suoi spazi aperti.

L'ex-caserma Montello prima
del MAXXI, vista da via Masaccio

L'ex-caserma Montello,
interno di uno dei padiglioni

Il concorso e le prime attività del museo

Nel 1997, il Ministero per i Beni e le Attività Culturali propone di realizzare nel quartiere Flaminio di Roma un nuovo grande polo espositivo nazionale dedicato all'arte e all'architettura contemporanee. Nell'autunno dello stesso anno, il Ministero della Difesa cede la dismessa ex-caserma Montello. L'anno successivo è bandito il concorso internazionale di idee per la realizzazione del Centro Nazionale per le Arti Contemporanee; alla competizione, attuata in due fasi, partecipano 273 candidati tra i quali la giuria seleziona 15 progettisti da ammettere alla seconda fase. A fine febbraio del 1999, la giuria nomina vincitore il progetto proposto dall'architetto anglo-iracheno Zaha Hadid e al termine dell'anno successivo hanno inizio le attività del Centro Nazionale per le Arti Contemporanee. Con la posa della prima pietra alla presenza delle autorità, nel 2003 si avviano i lavori per la costruzione del Centro che assume la nuova denominazione di MAXXI_Museo nazionale delle arti del XXI secolo. In attesa dell'ultimazione del complesso, l'Edificio D, parte dell'ex-caserma che affianca i nuovi volumi del museo, è ristrutturato e trasformato in spazio espositivo temporaneo. Il 30 maggio 2010 il MAXXI ha aperto al pubblico.

I 15 gruppi di progettazione finalisti

- Adam Caruso, Peter St. John (Gran Bretagna)
- Francesco Cellini, Franco Ceschi (Italia)
- Michele De Lucchi, Achille Castiglioni, Italo Lupi (Italia)
- Eduardo Souto de Moura (Portogallo)
- Vittorio Gregotti, Franco Purini (Italia)
- Zaha Hadid (Gran Bretagna)
- Steven Holl, Guy Nordenson (Stati Uniti)
- Toyo Ito (Giappone)
- OMA – Rem Koolhaas (Olanda)
- Pierluigi Nicolin, Italo Rota (Italia)
- Jean Nouvel (Francia)
- Christos Papoulias (Grecia)
- Mosè Ricci, Carmen Andriani, Aldo Aymonino, Pippo Ciorra, Filippo Spaini (Italia)
- SANAA – Kazuyo Sejima, Ryue Nishizawa (Giappone)
- Cino Zucchi, Stefano Boeri (Italia)

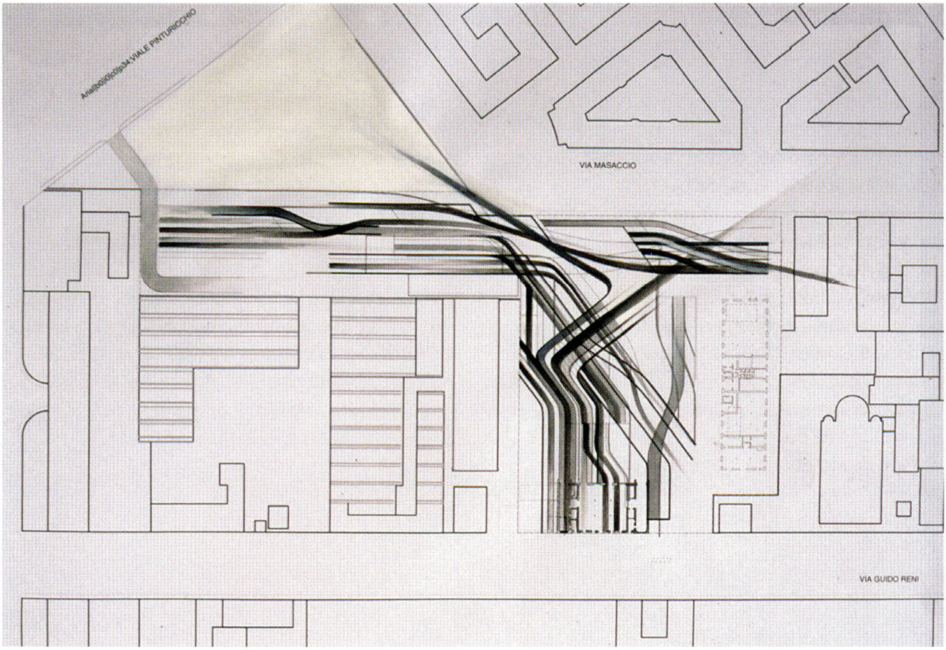

Zaha Hadid
Progetto di concorso, inserimento nel contesto urbanistico

Zaha Hadid
Progetto di concorso, rendering degli interni

Il progetto

Il progetto di Zaha Hadid taglia diagonalmente l'isolato, tracciando un asse pedonale che definisce la forma dell'edificio principale.
Il percorso di attraversamento è contemporaneamente piazza ed esposizione all'aperto. Progettata in stretta relazione con il museo, questa passeggiata offre ai passanti scorci, collegamenti inaspettati e nuove opportunità di vita associata per il quartiere e la città. Le sinuose masse del museo rappresentano una nuova presenza nel panorama urbano. Il complesso espositivo è un segno deciso che delimita e avvolge gli spazi all'aperto, con svettanti volumi in aggetto cui fanno da contrappunto i più sobri interni delle gallerie, destinate a ospitare le collezioni dei due musei. Queste ultime si contraddistinguono per i rispettivi diversi gradi di permeabilità, flessibilità e trasparenza. Lo spazio interno non è solo un itinerario lineare ma offre possibilità di visita alternative, consentendo ai fruitori itinerari individuali, con suggestive viste panoramiche sull'architettura, sulle opere esposte e sulla città, in una continua osmosi tra interno ed esterno.

Zaha Hadid
Progetto di concorso, dipinto

Il cantiere

Il cantiere del MAXXI è stato luogo di sperimentazione e di innovazione tecnico-costruttiva. La conformazione dell'edificio, i materiali e le loro modalità di impiego hanno fatto di questa realizzazione un'esperienza singolare in cui forma e struttura coincidono. La progettazione strutturale dell'edificio è stata possibile solo grazie a complesse modellazioni tridimensionali digitali che hanno permesso di valutarne l'effettiva distribuzione dei carichi e delle deformazioni. La complessa realizzazione dei grandi getti unici in calcestruzzo, lunghi anche 60 metri per quasi 9 di altezza, ha consentito di ottenere superfici continue e uniformi, prive di aperture e segni costruttivi. Per realizzarle è stato necessario utilizzare un nuovo tipo di calcestruzzo e ricorrere a casseforme particolari, con dimensioni fuori standard e caratterizzate da finiture del manto particolarmente pregiate.
Il progetto del MAXXI può essere considerato come un compendio delle possibili declinazioni del cemento, poiché quasi ogni sua parte, pavimentazioni incluse, ne prevede l'utilizzo. Questo materiale, seppur ritenuto di basso livello tecnologico e largamente impiegato per la sua versatile economicità, ben si sposa con il concetto di "fluidità" che, in questo intervento, è stato portato da Zaha Hadid a livelli di estrema espressività formale.

MAXXI, vista del cantiere

Bibliografia e sitografia

Dalle armi alle arti. Trasformazioni e nuove funzioni urbane nel quartiere Flaminio, a cura di A. Vittorini, Gangemi Editore, Roma 2004.
MAXXI - Museo nazionale delle arti del XXI secolo, a cura di P. Baldi, Electa OperaDarc, Milano 2006.
Zaha Hadid, di M. Guccione, Federico Motta Editore, Milano 2007.
Galleria Nazionale d'Arte Moderna & MAXXI, Le collezioni 1958-2008, a cura di S. Frezzotti, C. Italiano, A. Rorro, Electa, Milano 2009.
Materia grigia, a cura di M. Avagnina, M. Guccione, S. La Pergola, Electa, Milano 2010.
MAXXI Architettura. Collezioni di fotografia, a cura di F. Fabiani, Electa, Milano 2010.
Spazio, dalle collezioni di arte e architettura del MAXXI, a cura di S. Chiodi e D. Dardi, Electa, Milano 2010.

www.maxxi.beniculturali.it

Catalogo on line della biblioteca del MAXXI:
http://opac.uniroma1.it/SebinaOpacRMS/Opac?sysb=RMSMX

Crediti

Iwan Baan: cover, 2-3; Roland Halbe: 12-13; Iwan Baan: 14; ma:design: 16 in alto, 16 in basso, 17; Iwan Baan: 18-19; Iwan Baan: 21; Roberto Galasso: 22; Alessio Rosati: 23; Roberto Galasso: 24; Alessio Rosati: 25; ma:design: 26 in alto, 26 in basso; Robert Supel: 28-29; Stefano Mariga: 30; Alessio Rosati: 38-39; Roberto Galasso: 41 in alto; Roberto Galasso: 41 in basso; ma:design: 44 in alto, 44 in basso; Alessio Rosati: 46; Fernando Muscinelli: 47 in alto; Mario Tedeschi: 47 in basso; Roberto Galasso: 49; Roberto Marossi: 50; Riccardo Avenali: 51 in alto; Giuseppe Schiavinotto: 51 in basso; Roberto Galasso: 52 in alto; Attilio Maranzano: 53; Alessio Rosati: 54; Roberto Galasso: 55; Patrizia Tocci: 56; Roberto Galasso: 57, 58, 59; Silvio Scafoletti: 60; Studio Bernhard Schaub, Colonia: 61; Stefano Mariga: 64-65; Iwan Baan: 66-67 in alto; Roberto Galasso: 66 in basso, 67 in basso; Stefano Mariga: 68; Roberto Marossi: 69 in alto; Patrizia Tocci: 69 in basso, 70 in alto; Claudio Abate: 70 in basso; Roberto Galasso: 71, 72-73, 74-75 in alto, 75 in basso; Sofia Bilotta: 76-77; Roberto Galasso: 78-79; Claudio Cipriani: 82; Sofia Bilotta: 83; Alberto Muciaccia: 85 in alto, 85 in basso; Zaha Hadid Architects: 87 in alto, 87 in basso, 88; Roberto Galasso: 89.

Editor
Nunzio Giustozzi

Coordinamento editoriale
Cristina Garbagna

Coordinamento grafico
Angelo Galiotto

Progetto grafico
Paola Lenarduzzi
studiopaola

Redazione e impaginazione
postScriptum di Paola Urbani
con Emiliano Metalli

Coordinamento tecnico
Andrea Panozzo

Controllo qualità
Giancarlo Berti

DD 0062179369
MAXXI. MUSEO
NAZIONALE DEL
I
BILOTTA SOFIA
ROSATI ALESS
MONDADORI ELE

Questo volume è stato stampato
per conto di Mondadori Electa S.p.A.
presso lo stabilimento Mondadori
Printing S.p.A., Verona,
nell'anno 2010